JN251024

発達障害のある子どものための

たすくメソッド❸
アカデミック
「国語」を学習する

読書，漢字仮名交じり文

齊藤宇開・渡邊倫
大久保直子 編著

【 たすく株式会社 】

「できた！」「乗り越えた！」という学習の楽しさを，たくさん積み重ねさせてあげたい。

　本書は，たすくの療育をまとめた「発達障害のある子どものためのたすくメソッド」シリーズ第３弾です。今回も，豊富なイラストで分かりやすく解説し，ご家族や支援者，誰もが再現できるように構成を試みました。

　今回は，「国語〈読書，漢字仮名交じり文〉を学習する」ためのアイディアの数々を，系統的に指導できるようまとめました。第１弾の「生活の基礎を身につける」と第２弾の「手を育てる〈書字，包装・調理〉」では，「読み終えた後，そのまま本棚にしまうのではなく，教室や，ご家庭の学習机に本書を広げ，実際に教材を使って実践するのに役に立つ本」という講評を頂きました。本シリーズで取り上げている教材，教示方法は，療育の場で実際に用いているものですから，真に「我が意を得たり」のご講評です。第３弾である本書も，実践の場で大いに役立てて頂ければ幸いです。

　１章は，たすくメソッドを始めるための簡易アセスメントです。J☆sKepアセスメントで子どもの全体像を理解すること（STEP1）から，最もふさわしい機能的な目標（学習内容）を決定し（STEP2），さらに細かい学習のプロセスを描くこと（STEP3）ができるように構成されています。なお，本書には，機能的な目標の一覧を付け足しました。

　続く，２章では，「国語〈読書，漢字仮名交じり文〉を学習する」を，子どもたちの発達段階に応じて，順を追って選択できるように工夫しました。

　巻末には，付録１として第１章で解説したJ☆sKepアセスメントシート，付録２として，目標の到達レベルをさらに細かいプロンプト（いつか消える支援）の３段階によって詳細に記録できる学習記録シートを掲載しました。評価・改善を繰り返すことで，子どもたちが「できた！」「乗り越えたぞ！」という経験を基本にしたスモールステップの学習課題を設定できるようにするために，ご活用下さい。

　本シリーズにおける機能的な目標（学習内容）は，J☆sKepと並んで，たすくメソッドの中核を成すものです。子どもたちの今の充実と，将来の豊かな生活の実現のために，最も重要，且つ効果的である学習内容を６領域14区分34項目238教材に，思い切って精選しました。何を優先的に教えれば，生涯にわたって役に立つ“学び”となるのか？本書の提案が，全国の教育課程（プログラム）研究の起爆剤となれば望外の喜びです。これからも，ジアース教育新社の加藤勝博様をはじめ，関係の方々からのご協力を得て，アカデミック（算数），生活スキルなど，残りの４領域に関してもシリーズ化する計画です。

平成27年12月　　たすく株式会社　代表　齊藤宇開

もくじ

1章
「たすくメソッド」を始めよう!
STEP 1, 2, 3

　療育では，まず子どもの全体像を理解することが何よりも大切です。本来の「アセスメント」は，数時間をかけて行いますが，十分に時間がとれないこともあるでしょう。この章では，*J☆sKep* アセスメントシートを使った，簡易アセスメントの方法を解説します。STEP 1，2，3の手順で，その子にとって，最もふさわしい機能的な目標（学習内容）を決定してください。

*J☆sKep*アセスメントで子どもの全体像を理解しよう！

　子どもたちが多くのことを学ぶための基礎であり，中核であるポイントをまとめたものが，*J☆sKep*（*Japanese Seven Key Points*）"7つのキーポイント"です。つまり，*J☆sKep*は，「学習を支える学び」と呼ぶことができます。*J☆sKep*アセスメントは，「学習を支える学び」の力を評価するものです。アセスメントは，子どもとの学習活動をとおして行い，7つのキーポイントをチェックしていきます。

　複数の支援者でチェックする場合は，必ず同じ活動場面を共有して評価します。そうすることで，より正確な*J☆sKep*アセスメントができます。

▶ *J☆sKep*アセスメントシートの使い方 （要点）

手順❶ 7つのキーポイントごとに，レベル1から順番に目標（例）を読んで○△×で評価します。
△は指導ターゲットとして明確化するために矢印を付けます。

手順❷ 7つのキーポイントごとに，*J☆sKep*の得点に○を付け，折れ線でつなぎます。

手順❸ 7つのキーポイントの得点を，下欄の表に記入して，*J☆sKep*の平均点を算出します。

手順❹ 7つのキーポイントの得点を，平均点と比較できるように，下欄右表に記入します。

詳しくは8,9頁に記載してます。

● J☆sKep アセスメントシート

J☆sKep アセスメント

＊赤い矢印（⬅）が今年の指導目標です

記入日	／　／
学部・学年	小学　○年
氏名	齋藤　裕次郎さん

－：前年
－：今年

7つのキーポイント	目標（例）	1	2	3	4	5	6
①自ら学習する 姿勢になる力 <学習態勢> 0 1 2 ③ 4 5 6	・一人で，食事の時などに，椅子に座ることができる	○					
	・起立や着席を一人で行ったり，大人と一緒に歩調を合わせて歩いたりすることができる		○				
	・背後，横，正面等からのガイドを受け入れることができる		○				
	・姿勢を一定にして，10秒以上，机上の課題に取り組むことができる			○			
	・大人と机上で向き合って，やりとりしながら課題を成し遂げることができる			○			
	・最良の態勢になるように，自ら作業（学習）しやすい環境を作ったり，改善したりすることができる					×	
②自ら指示に応じ， 指示を理解できる力 <指示理解> 0 1 2 ③ 4 5 6	・手招きや「こっちにおいで」など，人の働きかけ（指示）に応じることができる	○					
	・今の行動を修正し，「～して」や「もう一度して」に応じることができる		○				
	・指示に応じて（その場で），10秒以上，待つことができる			○			
	・絵や写真，文字などで書かれている内容（指示書）にそって，課題を達成することができる ⬅				△		
	・一度，感情が乱れた後でも立ち直り，大人の指示に応じることができる				×		
	・必要に応じて，指示した人の意図を察した行動を取ることができる					×	
③自ら自己を管理する， 調整する力 <セルフマネージメント> 0 1 ② 3 4 5 6	・着替えなどの簡単な日常生活動作が一人でできる		○				
	・5分以上，座ったり，横になったりして休むことができる ⬅			△			
	・提示された計画にそって，行動することができる			×			
	・選択肢から自分のしたいことを選び，それに基づいて行動することができる				×		
	・自分に適した計画を創り，それに基づいて行動することができる				×		
	・自分の役割や課題を理解し，さらに他者に配慮したり協議したりして計画を創り，最後まで取り組むことができる						×
④自ら楽しいことや 嬉しいことを期待して 活動に向かう力 <強化システムの理解> 0 1 ② 3 4 5 6	・好きなものや，好きな活動が2つ以上ある	○					
	・好きなものや，好きな活動を複数の選択肢から選ぶことができる		○				
	・好きなものや，好きな活動をしてもらうことを期待して，課題を最後まで終わらせることができる ⬅			△			
	・大人や仲間から言語等で賞賛されることを期待して，課題を最後まで終わらせることができる ⬅				△		
	・課題を成し遂げる（完成させる）ことだけを期待して，最後まで終わらせることができる				×		
	・困難な課題でも，一回のお手伝いで10円もらって，12回貯めてから缶ジュースを買うなど，一日以上の先を見通し期待感をもって課題に取り組むことができる						×
⑤自ら何かを伝え ようとする意欲と 個に応じた形態を 用いて表出する力 <表出性のコミュニケーション> 0 ① 2 3 4 5 6	・どうしても欲しいものがある時など，どんな形であれ，人に何かを伝えようとすることができる	○					
	・動作（指さしや大人の手を引くなど）を使って，意思を伝えることができる ⬅		△				
	・代替手段（絵カードやVOCA）を利用して，自分の意思を伝えることができる			×			
	・自分の伝えたいことを，一日20回以上，伝えることができる			×			
	・困った時に，他人に対して，援助を受けたいと伝えることができる				×		
	・代名詞や属性（好みの色や，希望する量など）を入れた三語文以上の要求をすることができる				×		
	・「何がほしいの？」の問いかけに応じて，ほしいものを伝えることができる					×	
	・「何をしているの？」や「何が見える？」などの質問に応じることができる						×
⑥自ら模倣して， 気付いたり， 学んだりする力 <模倣> 0 1 2 ③ 4 5 6	・身近な人（保護者や兄弟，クラスメイトなど）と，同じような動作をすることがある	○					
	・鉛筆を持ったり，ジャンプしたりする動作などを，模倣しようとすることができる		○				
	・モデルの人がする一つの動作を，正確に行うことができる			○			
	・モデルの人がする連続した動作を，同時に行うことができる ⬅				△		
	・示されたモデルを参考にして，同じ動作をする（反復する）ことができる					×	
	・必要に応じたモデルを選択し，模倣する（参考にする）ことで，課題を解決することができる						×
⑦自ら課題解決の ために注視すべき 刺激に注目できる力 <注視物の選択> 0 1 ② 3 4 5 6	・自分の好きなおもちゃやお菓子，テレビ番組を，注視したり，注目したりすることができる	○					
	・指示棒や指さしで注目を促された刺激を，注視したり，注目したりすることができる		○				
	・少し離れた大人の手元や，机上に示された刺激を，注視したり，注目したりすることができる			○			
	・二つの刺激のうち，属性（色や形，大きさ，数など）の違いに注目して選ぶことができる ⬅			△			
	・二つ以上の刺激から，わずかな属性の違いに注目し，仕分けなどを素早く行うことができる					×	
	・刺激の一部（部品）を見て，全体をイメージして組み立てることができる						×

手順❶

手順❷

五区分による分類

主体性
人や活動に対して注目したり， 働きかけようとしたりする意欲

行動管理	②指示に応じる ③セルフマネージメント ④強化システムの理解
	①指示理解
コミュニケーション	⑤表出性のコミュニケーションの習得
模　倣	⑥模倣できる
認　知	⑦注視物の選択

①学習態勢	②指示理解	③セルフ マネージメント	④強化システム
3	**3**	**2**	**2**

⑤表出性の コミュニケーション	⑥模倣	⑦注視物の 選択	合計	平均
1	**3**	**2**	**16**	**2.3**

段階	0	1	2	3	4	5	6
7つの キーポイント			③ ⑤ ⑦	① ④ ② ⑥			

手順❸

手順❹

▶ *J☆sKep* アセスメントシートの使い方 (詳細)

手順❶ 7つのキーポイントごとに，レベル1から順番に目標例を読み返して○△×で評価します。〈表1〉

　J☆sKep は，7つのキーポイントごとに目標（例）があります。徐々に（下に進むごとに）レベルアップしていきます。

　目標（例）ごとに，表につけられた太枠がそのレベルを表しています。例えば，最上段の「自分の好きなおもちゃやお菓子，テレビ番組を，注視したりすることができる」〈表1〉を見てみますと，1の列のマスが太枠で囲まれていますので，この目標は到達レベル1ということになります。

　評価は，この太枠内に書き込みます。確実にできるものに○，不確実さがあるものは芽生えとして△，実行できないものに×を付けましょう。

　芽生えである△は，目標として明確にするために，朱書きで矢印を書きます。芽生えている項目を見つけて，目標にすることが，*J☆sKep* アセスメントの主旨ですから，確実にできる項目でなければ△や×を付けてください。評価は厳しめに付けることが重要です。

手順❷ 7つのキーポイントごとに，*J☆sKep* の得点を算出して，折れ線で表記します。〈表1〉

　○△×で評価した後は，得点を算出します。子どもの到達レベルは，1点から6点までの評価欄において○が付いた最高得点のところです。ただし，同じレベルで，2つの目標例がある場合は，両方が○になったときに達成していると見なします。算出した得点は，左欄に○印を付けます。（下記〈表1〉では，到達しているレベルは2点になります）

J☆sKep	目標（例）	1	2	3	4	5	6
⑦自ら課題解決のために注視すべき刺激に注目できる力＜注視物の選択＞　1・②・3・4・5・6	・自分の好きなおもちゃやお菓子，テレビ番組を，注視したり，注目したりすることができる	○					
	・指示棒や指さしで注目を促された刺激を，注視したり，注目したりすることができる		○				
	・少し離れた大人の手元や，机上に示された刺激を，注視したり，注目したりすることができる			○			
	・二つの刺激のうち，属性（色や形，大きさ，数など）の違いに注目して選ぶことができる			△			
	・二つ以上の刺激から，わずかな属性の違いに注目して，仕分けなどを素早く行うことができる				×		
	・刺激の一部（部品）を見て，全体をイメージして組み立てることができる						×

〈表1〉 *J☆sKep* の記入例

7つのキーポイントの得点を，下欄の表に記入して，J☆$sKep$の平均点を算出します。〈表2〉

　すべての項目を評価したら，得点を下欄の表に記入して，J☆$sKep$の平均点を算出します。この平均点が，STEP2以降で学習内容を決定する際，重要な指標になります。

①学習態勢	②指示理解	③セルフマネージメント	④強化システム		
3	3	2	2		
⑤表出性のコミュニケーション	⑥模倣	⑦注視物の選択	合計	平均
1	3	2	16	2.3

〈表2〉　得点表の記入例

7つのキーポイントの得点を，平均点と比較できるように，下欄の右表に記入します。〈表3〉

　平均点を算出した後は，J☆$sKep$の各項目と平均点とのバランスを見ていきます。J☆$sKep$アセスメントシートの下欄の右表に，J☆$sKep$の項目番号を記入しましょう。J☆$sKep$は，並行指導が重要です。J☆$sKep$の得点がアンバランスだった場合は，落ち込んでいる項目について本人に不全感が生じている可能性がありますから，特に注目します。

段階	1	2	3	4	5	6
注目!　J☆$sKep$	⑤	③④⑦	①②⑥			

〈表3〉　J☆$sKep$得点の比較表の記入例

機能的な目標（学習内容）を決定しよう！

　自立のためには，学校以外の地域や家庭場面での生活力を身に付けることが大切です。そのためには，学校での学びが確実にステップアップすること（反応般化）や，学んだことがその他の場面で応用・般化できるように指導を進める必要があります（刺激般化）。つまり，機能的な目標の条件は，子どもたちにとって絶対的に必要で，自然に学習する機会が多くなる文脈の中で，繰り返すことができる「機能性」を持っていなければなりません。さらには，「目標を達成することで最も利益のあるのが子どもかどうか」，「地域や家庭で，さらに生涯にわたって利用可能なものかどうか」が，「機能的な」目標であるかを判断する一つの指標だと考えています。以上のことを踏まえた上で，本書では，機能的な目標（学習内容）として，〈6 領域 14 区分 34 項目 238 王様大臣教材〉を提案していきます。次頁に，各項目のゴール一覧を掲載します。

　特別支援教育における学習の基本構造（図 1）では，学習を支える学び（J☆sKep）と並んで重要なのが，学習内容（機能的な目標）です。この機能的な目標は，「将来の豊かな生活と，今の生活の充実に資する目標」として定義しています。つまり，多岐にわたる教育内容を，上記の目標に基づいて厳選した学習内容「機能的な目標」になります。

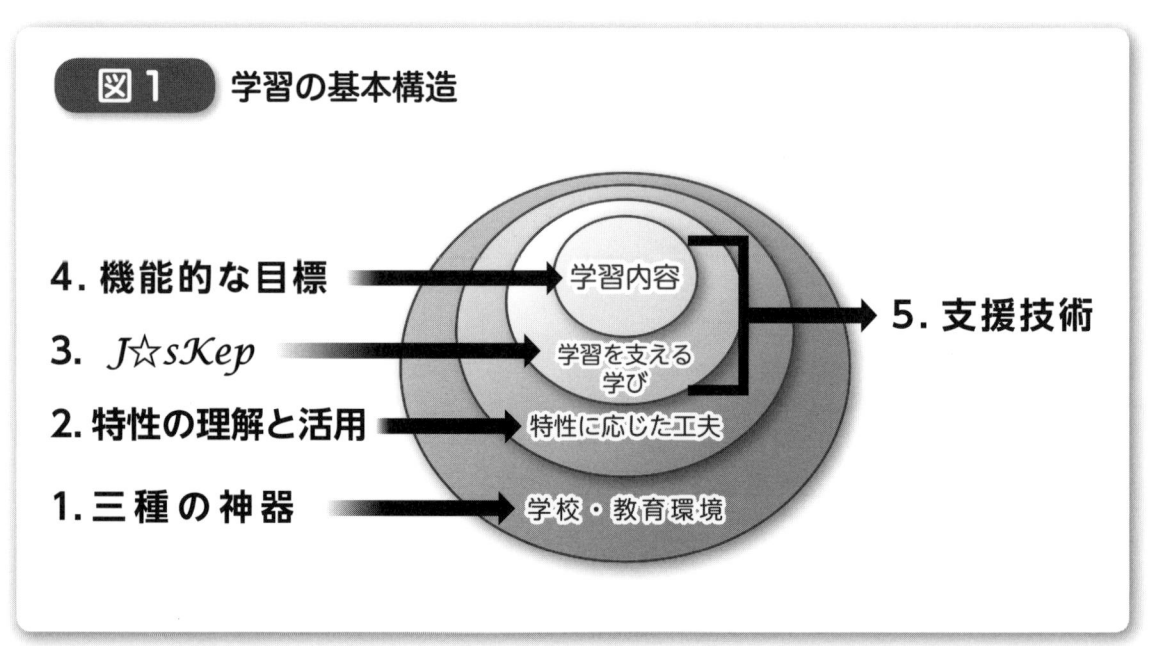

図1　学習の基本構造

4. 機能的な目標 → 学習内容 → 5. 支援技術

3. J☆sKep → 学習を支える学び

2. 特性の理解と活用 → 特性に応じた工夫

1. 三種の神器 → 学校・教育環境

機能的な目標6領域のゴール一覧

1. 三種の神器

(1) コミュニケーション
- ① 表出性：代名詞や属性を使って，要求や拒否を音声言語で伝える。
- ② 応答性：「何が見える？」「何をしているの？」などの質問に応じる。

(2) スケジュール
- ① 指示：2時間程度のスケジュールに専心して，時間までにノルマを達成する。
- ② 選択：好きなことや自分のしたいことをスケジュールに取り込む。
- ③ 自分の役割と他者に配慮した計画：役割分担した活動を交互にする。

(3) タスクオーガナイゼーション
- ① 上下左右の環境の認知：自分の作業しやすい環境を作る。
- ② 学習（作業）の体勢：椅子の選択や調整をして学習（作業）の体勢をつくる。

2. アカデミック

(1) 算数
- ① 逆算：日常でよく使う逆算をする。
- ② 時計：2時間のスケジュールを立てる。
- ③ お金：5,000円程度の買い物を現金で支払う。
- ④ 面積・体積：均等に切り分ける，取り分ける，注ぎ分ける。

(2) 国語
- ① 読書：簡単な感想文を書いて，報告し合う。
- ② 漢字仮名交じり文：新聞の見出しを読む。

3. 手を育てる

(1) 書字
- ① メモ：伝えられたことに対して，自分のノートにメモを取る。
- ② 美しい文字：丁寧な文字で，便せんを使って，手紙などを書く。
- ③ PC利用：ローマ字入力で漢字仮名交じり文を打って，ブログやメールを作成する。

(2) 包装・調理
- ① 切断：キッチンばさみでレトルトの袋を開封したり食肉や野菜を切ったりする。
- ② 接着：のり・テープ・ホチキスなどを適切に用いて，接着する。
- ③ 梱包：古新聞・雑誌を紐で束ねる。

4. 生活スキル

(1) 気働き
- ① おもてなし：「どうぞ召し上がれ」と言ってからお茶を入れて，出す。
- ② チーム作業：相手に頼まれて，一緒に荷物を運ぶ。

(2) お手伝い
- ① 掃除：雑巾をぬらして，机を拭き，すすいで絞って，干す。
- ② 洗濯：Yシャツにアイロンをかける。
- ③ 準備・片付け：食材を準備して，料理して，片付ける。
- ④ 買い物：レジに並ぶ際に，メモを見ながら品物と数量を確認する。

(3) エチケット
- ① 整髪・洗顔・化粧・歯磨き：寝ぐせを直して，ムース等を使って髪型を整える。
- ② 服装：気候や気温に応じた服装を選ぶ。

5. インディペンデント

(1) 休憩
- ① 座って身体を休める：どんな場所に行っても，座る場所を探して，休む。
- ② 気持ちを休める：休憩時間になったら，気持ちを休める活動に入る。

(2) 移動
- ① 歩く：大型店舗等のフロアマップを見て，計画を立て，効率的に店を巡る。
- ② 自転車に乗る：一人で駅まで自転車で移動して，駐輪場に止める。
- ③ 適切な公共交通機関を使う：公共交通機関を使って，通い慣れた場所まで一人で移動する。

6. 社会性

(1) 自己表現
- ① 自分の気持ちを表す：自分の気持ちを，音声言語や筆記，ブログなどで表現する。

(2) 社会貢献
- ① 困っている人を助ける：家族や友達が荷物が重そうだったりして困っている時に助ける。

STEP 3

機能的な目標(学習内容)のステップを決定しよう！

▶ *J☆sKep* と「機能的な目標」との相関関係は，以下のとおりです。

J☆sKep のアセスメントを行った後に，その平均得点と照らし合わせて，機能的な目標の領域とステップを選択し，今の充実と明日への展望を描き出していきましょう。

例1 *J☆sKep* アセスメント平均点 2 点未満

この児童生徒の場合は，図2の1段階目となる「三種の神器」の領域を選択します。ステップは機能的な目標 1st から始めます。

例2 *J☆sKep* アセスメント平均点 2 点以上

この児童生徒の場合は，図2の2段目となる「アカデミック」と「手を育てる」の領域を選択して，機能的な目標 1st から始めます。また，「三種の神器」では，機能的な目標 2nd を選択して学習していきます。

例3 *J☆sKep* アセスメント平均点 3 点以上

この児童生徒の場合は，図2の3段目となる「生活スキル」と「インディペンデント」の領域を選択して，機能的な目標 1st から始めます。「アカデミック」と「手を育てる」では機能的な目標 2nd を，「三種の神器」では機能的な目標ゴールを選択します。

例4 *J☆sKep* アセスメント平均点 4 点以上

この児童生徒の場合は，図2の4段目となる「社会性」を選択して，機能的な目標 1st から始めます。「生活スキル」と「インディペンデント」では機能的な目標 2nd を，「アカデミック」と「手を育てる」では機能的な目標 1st を選択して，学習していきます。

図2 *J☆sKep* と機能的な目標の相関

6. 社会性　*J☆sKep* 平均 4 点以上

4. 生活スキル　5. インディペンデント　*J☆sKep* 平均 3 点以上

2. アカデミック　3. 手を育てる　*J☆sKep* 平均 2 点以上

1. 三種の神器　*J☆sKep* 平均 2 点未満

機能的な目標は，前頁で示したとおり，6領域で構成されています。本書は，2段目にある「2. アカデミック」を取り上げます。「2. アカデミック」には，「(1) 算数」で4項目，「(2) 国語」で2項目の機能的な目標を提案しています。本書は，「(2) 国語」の機能的な目標である「読書」と「漢字仮名交じり文」を抽出して，指導ステップをご提案します。各項目のステップは，山（マウンテンと呼んでいます）に見立てられ，最終的な目標となる「機能的な目標・ゴール」が意識しやすいように頂上に示されていることが特徴です。

　機能的な目標（学習内容）のステップは，$J☆sKep$ アセスメントの平均点から導き出します。ただし，学習経験がまだ不足していて，同じステップの目標に取り組むことが，難しい場合には，支援技術を工夫して，より細かいステップで学習を行ったり，1つ下のステップに戻って基礎固めをしたりして，学習を進めます。

▶ $J☆sKep$ と機能的な目標「アカデミック」との相関関係は，以下のとおりです。

＜アカデミック (2) 国語①読書の場合で，例示します＞

❶ $J☆sKep$ アセスメント平均点2点未満は，課題解決指向性学習を選択します。
❷ $J☆sKep$ アセスメント平均点2点以上は，機能的な目標 (1st) を選択します。
❸ $J☆sKep$ アセスメント平均点3点以上は，機能的な目標 (2nd) を選択します。
❹ $J☆sKep$ アセスメント平均点4点以上は，機能的な目標 (ゴール) を選択します。

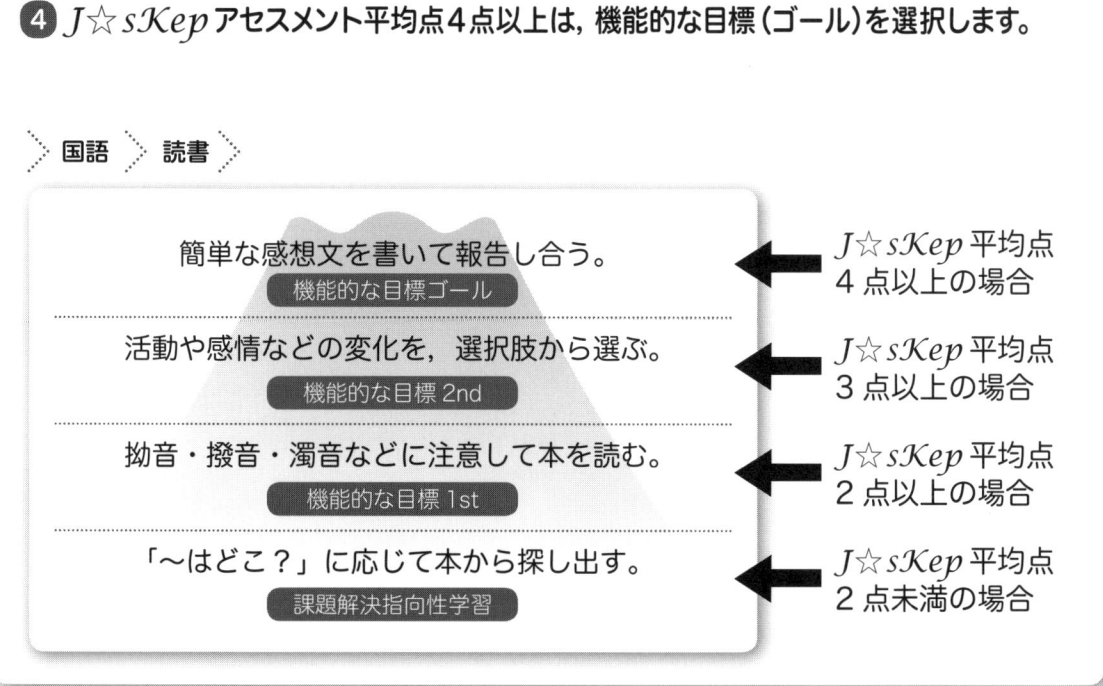

国語 ＞ 読書

簡単な感想文を書いて報告し合う。
機能的な目標ゴール
← $J☆sKep$ 平均点 4点以上の場合

活動や感情などの変化を，選択肢から選ぶ。
機能的な目標 2nd
← $J☆sKep$ 平均点 3点以上の場合

拗音・撥音・濁音などに注意して本を読む。
機能的な目標 1st
← $J☆sKep$ 平均点 2点以上の場合

「〜はどこ？」に応じて本から探し出す。
課題解決指向性学習
← $J☆sKep$ 平均点 2点未満の場合

機能的な目標「2. アカデミック」の国語は、「(1) 読書」と「(2) 漢字仮名交じり」の項目で、以下のようなステップを提案しています。子どもの $J☆sKep$ の得点に応じて、はじめの一歩となる機能的な目標のステップを決定できます。療育では、2 項目（2 つのマウンテン）を横並びにして、$J☆sKep$ の得点に応じて決定されるステップを、満遍なく並行指導していくことに心掛けてください。

　機能的な目標への取り組みでは、子どもたち一人一人に応じた配慮が欠かせません。本書では、一人一人に応じた細やかな評価・改善を行うために、各目標においてスモールステップとなる教材を 3 題ずつ提案しています。

国語の「機能的な目標の段階」と「スモールステップの教材」

簡単な感想文を書いて報告し合う
機能的な目標ゴール
①物語を作る　②物語の要約　③物語

新聞の見出しを参考に、記事を見つける
機能的な目標ゴール
①切り抜き記事　②ガイドブック　③子ども新聞

活動や感情などの変化を選択肢から選ぶ
機能的な目標 2nd
①簡単な文　②複文　③物語

縦書き・横書きの漢字仮名交じり文を模写する
機能的な目標 2nd
①三語文　②日常の説明文　③教科書・図鑑

拗音・撥音・濁音などに注意して本を読む
機能的な目標 1st
①鳴き声の模倣　②強弱の模倣　③音読

送り仮名の付いた単語を模写する
機能的な目標 1st
①感情の言葉　②動作の言葉　③要求の言葉

「〜はどこ？」に応じて本から探し出す
課題解決指向性学習

絵や写真などと文字カードをマッチングする
課題解決指向性学習

機能的な目標「読書」

機能的な目標「漢字仮名交じり文」

　例えば、$J☆sKep$ 平均点 2 点以上の場合は、国語の 2 つの機能的な目標で、機能的な目標 1st から療育を始めます。上記のように、マウンテンを横並びにして目標を選択して、並行指導ができるように心掛けます。

2章

アカデミック「国語」を学習する

読書,漢字仮名交じり文の習得

　たすくでは，読書，漢字仮名交じり文を「国語」として学習しています。感想文を書いたり，新聞の見出しを読んだりすることを目標にして，本の読み方や単語や文章をまとまりとして捉えるコツを，繰り返しの学習をとおして身に付けます。

　2章では,「国語」を学習するための, 内容や方法を, 実際に現場で利用している教材とその教示方法と併せて，イラストで分かり易く描写しました。ご家族や支援者，誰もが再現できるように解説します。

アカデミック「国語」を教えるための教材セット

子どもたち一人一人には，様々な特徴があります。たすくが開発しているオリジナル教材は，子どもたちの「見分ける」「聞きとる」力を伸ばしていくことができるように工夫しています。

手を育てるブックA

シャープペンシルやクレヨンを使って，運筆の基礎となる力を培うために最適な教材です。「①色ぬり，②小円塗り，③漢字氏名を1cmマスに書く，④丸と二重丸」を1セットとして，7日間の学習ができます。本書の「国語・漢字仮名交じり文」の学習では，「④丸と二重丸」を活用します。

手を育てるブックB

1cmマス内に納まる文字で，メモや自分の氏名，手紙を書く力を培うための教材です。「①氏名を1cmマスに書く，②平仮名と片仮名，③小学1年生の漢字80字と常用漢字，④便せん」を1セットとして，7日間の学習ができます。本書の「国語・漢字仮名交じり文」の学習では，「③小学1年生の漢字80字と常用漢字」を活用します。

手を育てるブックC

「とめ」「はね」「はらい」など美しい文字を書く練習に適した教材です。子どもたち自身で見本を見て，見分けて，読んで，書き写すことを重視します。「①横線と縦線，②斜線，③星と太陽，④点線なぞり，⑤横書きと縦書き」を1セットとして，7日間の学習ができます。本書の「国語・漢字仮名交じり文」の学習では，「⑤横書きと縦書き」を活用します。

ワークブック「読む」 〜物語(ストーリー)を作ろう①〜

日本語の言語技術を基盤にして，論理性を高めるために開発したワークブックです。主語・述語・目的語になる単語を並び替え，さらに動詞にあたる言葉を考えて，全てに助詞を加えて文章を作る教材です。文字を書くことにはこだわらずに，日本語のパターンを繰り返し読み聞かせることを重視します。完成させてからも，必ず読みあげてください。

ワークブック「読む」 〜時間や場所，状況の報告をしよう〜

日本語の言語技術を基盤にして，論理性を高めるために開発したワークブックです。警察への緊急連絡を例に，時間，場所，状況，人物などを正確に報告することで，一場面の状況に応じて，論理的思考を駆使して，相手に分かりやすく伝えることを学ぶ教材です。

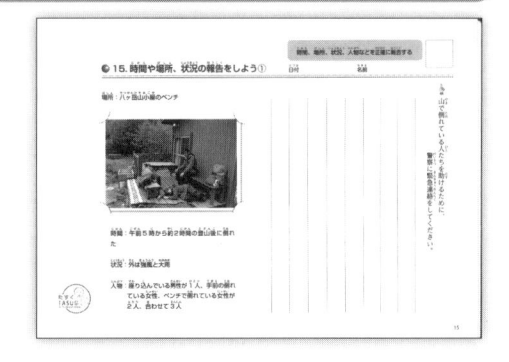

ワークブック「読む」 〜相手からの言葉のコア(中核)を受け入れ，自分から適切に，状況の報告をすることができる〜

日本語の言語技術を基盤にして，論理性を高めるために開発したワークブックです。日常のお母さんからの言語による問い掛けを例に，会話を成立させるための技術，「言葉のコア(中核)イメージを捉える」ためのスキル4段階を学ぶことを目的にした教材です。以下の1〜4段階を意識して，実際に様々な会話をしながら言葉のコア・イメージをつかませます。

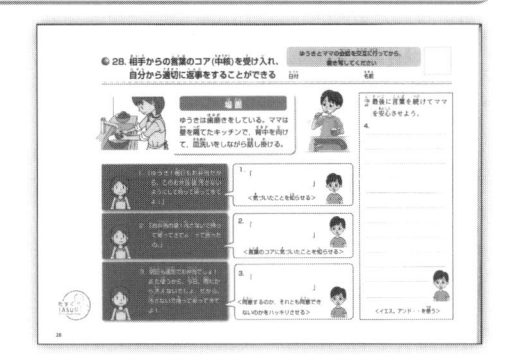

1. 問い掛け(働き掛け)に気づいたことを知らせる。
2. 言葉のコア(中核)に気づいたことを知らせる。
3. 同意するのか，それとも同意できないのかをハッキリさせる。
4. イエス。アンド・・。(同意したと同時に，自分の提案をする)

たすくオリジナル絵本

　拗音・撥音・濁音などに注意して音読する力を培うための教材です。『あおいあおい』『ゴシゴシキュッキュ』『食べよう食べよう』の三冊は，音読の導入教材として，言語聴覚士と共同開発しました。文を目で追う，文章を指でなぞる等，情報を聞きとり，見分ける力を付けやすいように，イラストと文章が構成されています。

お話し絵カード

　お話し絵カードは，学校や家庭で，子どもに表現してほしい要求や気持ちの言葉120語を，保護者と共同製作しました。カードは，つまみ取りやすい厚さ，柔らかいタッチのイラスト，認知特性に応じて文字を書き込めるなどの特徴があります。

スリット

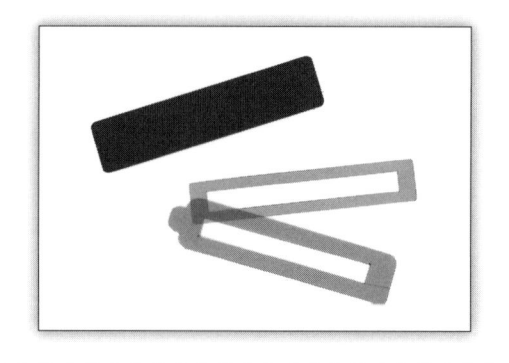

　読書指導の初期段階では，音読に合わせて眼球を動かせなかったり，文字や行を読み飛ばしたりすることがあります。そのための，正しく情報を見たり，聞いたりするための補助教材です。文を目で追う（読む），指でなぞることを練習できます。

教材のお問い合わせ

たすく株式会社
〒 248-0014
神奈川県鎌倉市由比ガ浜 2-23-15
URL http://tasuc.com
E-MAIL kamakaura@tasuc.com

販売元　株式会社ダブルコーポレーション
〒 248-0005
神奈川県鎌倉市雪ノ下 3 丁目 4-25 五十嵐ビル 2 階
E-mail　info@tasuc.com
作業活動を障がいのある方たちの流通班に委託しています。HP から購入することもできます。

| たすく | 検索 |

読書

　自ら文章を読んだり，内容を読み取ったりするために必要なスキルを学びます。ここでは，絵本・小説・漫画・歴史物等を読んで，登場人物の活動・行動・状態・感情や気持ちの変化などを読み取った上で，感想文を書くことをゴールに設定しています。

J☆sKep 2.0点以上向け

小説等を読んで，活動・行動・状態・感情の変化を選択肢から選ぶ
機能的な目標2nd

絵本等を,拗音・撥音・濁音などに注意して音読する

機能的な目標1st

「〜はどこ？」など、絵本の中から指定された対象に対して、
指をさしたり、カードを重ねたりして、答える
課題解決指向性

ここでは，指導者が絵本等を読むのを聞き取ると共に，文を指でなぞって読み取ることをとおして，拗音・撥音・濁音などに注意して音読することを学びます。

▶ 目標達成のための3段階

ステップ① 聞き取り，見分ける
ステップ② 音声を模倣する
ステップ③ 拗音・撥音・濁音などに注意して音読する

▶ J☆sKep アセスメント ○△×で評価しましょう。

学習態勢	姿勢を一定にして，10秒以上，机上の課題に取り組むことができる。大人と机上で向き合って，やりとりしながら課題を成し遂げることができる。	
指示理解	指示に応じて（その場で），10秒以上，待つことができる。	
セルフマネージメント	5分以上，座ったり横になったりして休むことができる。提示された計画に沿って，行動することができる。	
強化システムの理解	好きなものや好きな活動をしてもらうことを期待して，課題を最後まで終わらせることができる。	
表出性のコミュニケーション	代替え手段(絵カードやVOCA)を利用して,自分の意思を伝えることができる。自分の伝えたいことを一日20回以上伝えることができる。	
模倣	モデルの人がする一つの動作を,正確に行うことができる。	
注視物の選択	少し離れた大人の手元や,机上に示された刺激を,注視したり,注目したりすることができる。二つの刺激のうち属性（色や形，大きさ，数など）の違いに注目して選んだりすることができる。	

療育の仕方

ステップ 1 聞き取り，見分ける

1 指さしの構えをつくり文章の文頭を指さししたり，スリットを当てたりして文章の文頭を見つける。

2 指導者の音読を聞く。

3 指導者の音読に合わせて，文を指でなぞったり，スリットをずらしたりする。

4 指導者の音読に合わせて，文を目で追う（読む）。

5 1ページ分を読み終えたら，自らページをめくり，次のページの文頭に注目する。

使う教材 絵本
（本書 P.18 で紹介）

あお　あお　あおい
あおーい　ぼうし

▶ ポイント解説

　まずは，指導者の音読をしっかり聞き取れるように導きます。その次に，文にスリットを当てさせたり，指でなぞらせたりしながら，文を目で追う（読む）ことに慣れさせます。

ステップ② 音声を模倣する

1 指導者の音読に応じて，指で文をなぞったり，文を目で追ったりする（読む）。

2 指導者の音読に続けて，発声する（文頭や語尾だけでも可）。

3 指導者の音読に続けて，拗音や撥音，濁音が含まれる単語を音読する。

4 指導者の二語文程度の音読に続けて，拗音や撥音，濁音が含まれる文を音読する。

5 指導者の二語文程度の音読に続けて，音のリズムに気をつけて音読する。

使う教材 **絵本**
（本書 P.18 で紹介）

ゴシゴシ キュッキュ

たすく株式会社

食べよう 食べよう
ごはんを 食べよう

食べよう 食べよう
ごはんを 食べよう

ごはんを 食べよう

▶ ポイント解説

　指導者の読む拗音や撥音，濁音が含まれる単語を，指導者に続いて音読させます。音のリズムにも気を付けるように，拍子を付けて音読してもよいでしょう。

療育の仕方

ステップ 3 拗音や撥音, 濁音などに注意して音読する

1 指導者の二語文以上の音読を聞き,
続けて指導者と声を合わせて音読する。

2 拗音や撥音, 濁音が含まれる二語文以上
の文を, 指導者と声を合わせて音読する。

3 指導者の二語文以上の音読を聞き,
続けて一人で音読する。

4 拗音や撥音, 濁音が含まれる二語文以上
の文を, 一人で音読する。

5 拗音や撥音, 濁音に注意して, 名詞や動
詞を, 文節ごとのまとまりでリズムよく
音読する。

使う教材 絵本
(本書 P.18 で紹介)

モグモグ 食べる

▶ ポイント解説

　ここでは, 指導者の音読を参考に, 自ら文章を指でなぞったりしながら音読
させます。その際, 拗音や撥音, 濁音などに注意して読ませましょう。

J☆sKep 3.0点以上向け

絵本, 小説, 歴史物等を読んで,
簡単な感想文を書いて, 報告し合う
機能的な目標ゴール

短編小説等を読んで, 活動・行動・状態・感情の変化を選択肢から選ぶ

機能的な目標 2 nd

絵本等を, 拗音・撥音・濁音などに注意して音読する
機能的な目標 1 st

ここでは, 短編小説や偉人伝等を読んで, 活動・行動・状態・感情の変化を選択肢から選ぶことで, 文章の読解力に関する初期の力を付けていきます。

▶ 目標達成のための3段階

ステップ ① 規則に従った短文をつくる（主語, 述語, 目的語の穴埋め）

ステップ ② 規則に従った短文をつくる（主語, 述語, 目的語の並び替え）

ステップ ③ 活動・行動・状態・感情の変化に関する問いに応じて, 規則に従った短文をつくる

▶ J☆sKep アセスメント ○△×で評価しましょう。

学習態勢	最良の態勢になるように, 自ら作業（学習）しやすい環境を作ったり, 改善したりすることができる。	
指示理解	絵や写真, 文字などで書かれている内容（指示書）にそって, 課題を達成することができる。一度, 感情が乱れた後でも立ち直り, 大人の指示に応じることができる。	
セルフマネージメント	選択肢から自分のしたいことを選び, そのとおりに行動することができる。	
強化システムの理解	大人や仲間から言語等で賞賛されることを期待して, 課題を最後まで終わらせることができる。	
表出性のコミュニケーション	困った時に, 他人に対して, 援助を受け入れたいと伝えることができる。代名詞や属性（好みの色や希望する量など）を入れた三語文以上の要求をすることができる。	
模倣	モデルの人がする連続した動作を, 同時に行うことができる。	
注視物の選択	二つ以上の刺激から, わずかな属性の違いに注目して, 仕分けなどを素早く行うことができる。	

指導の仕方

ステップ 1 規則に従った短文をつくる(主語,述語,目的語の穴埋め)

1 イラスト（写真）を参考に，主語（一人称）を考え，枠内に穴埋めする。

2 イラスト（写真）を参考に，目的語を考え，枠内に穴埋めする。

3 イラスト（写真）を参考に，述語を考え，枠内に穴埋めする。

4 助詞に注意して，完成した文章を読み上げる。

使う教材

ワークブック 「読む」
（本書 P.17 で紹介）
～絵のイメージと一致する文章を
　作って，読もう

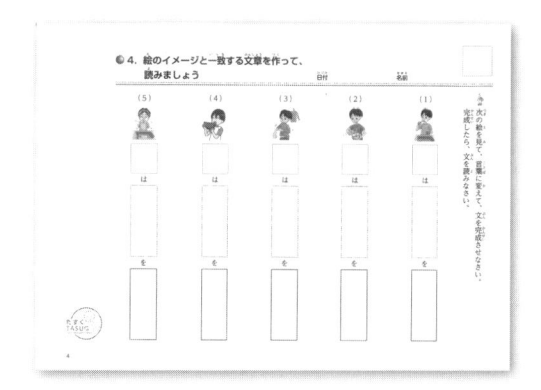

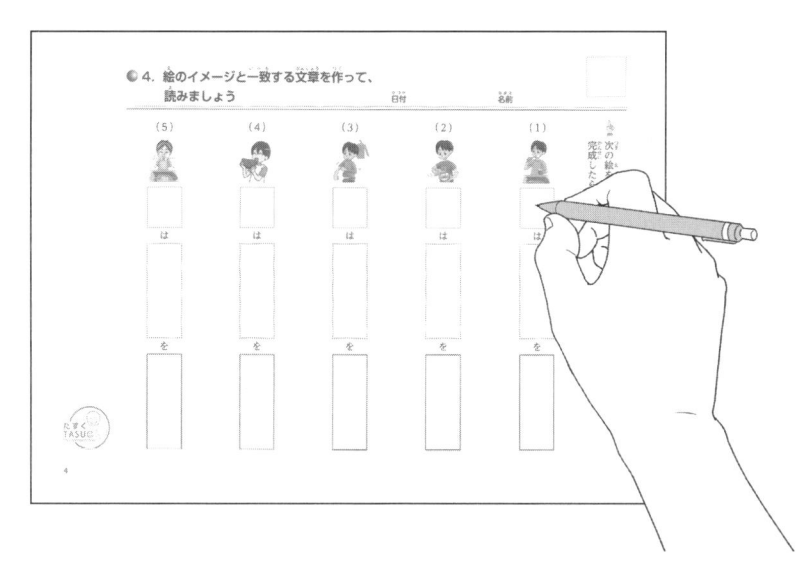

▶ ポイント解説

　ステップ①②の穴埋めは，提示された主語・述語を書き写し，読み上げることを重視します。日本語の規則を学ばせるために，主語，述語，目的語を意識させます。

指導の仕方

ステップ ② 規則に従った短文をつくる(主語, 述語, 目的語の並び替え)

1 イラスト（写真）を参考に, 主語（一人称）を選択肢から選び, 助詞を加えて枠内に書く。

2 イラスト（写真）を参考に, 目的語を選択肢から選び, 助詞を加えて, 枠内に書く。

3 イラスト（写真）を参考に, 述語を選択肢から選び, 助詞を加えて, 枠内に書く。

4 助詞に注意して, 完成した文章を読み上げる。

使う教材

ワークブック「読む」
（本書 P.17 で紹介）
〜物語（ストーリー）を作ろう①

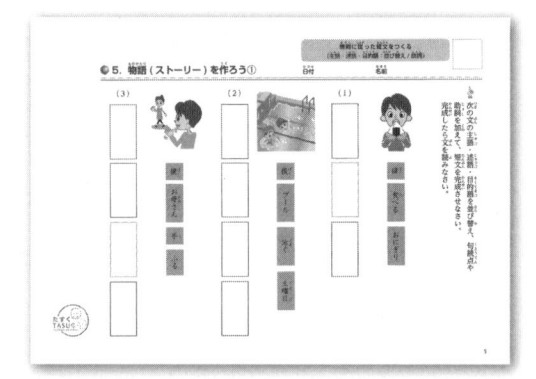

▶ ポイント解説

選択肢を並び替え, 文の要点となる主語と述語, 目的語をより強く意識させることで, 日本語の規則に従った短文を作成させます。

指導の仕方

ステップ③ 活動・行動・状態・感情の変化に関する問いに応じて,規則に従った短文をつくる

1 写真を見て,そこに写っている人物や,その人の行動を指導者と話し合う。

2 問題文に書かれている人物の行動に注目し,活動や行動の様子を表現する(主語,述語,目的語を選択肢から穴埋め)。

3 問題文に書かれている人物の置かれている状況について,短文で表現する(感情に関する単語を,選択肢から穴埋め)。

4 問題文に書かれている人物の感情の変化について,短文で表現する(主語と感情に関する単語を,選択肢から穴埋め)。

5 書き終わったら,完成した文章を読み上げる。

使う教材

ワークブック「読む」
(本書 P.17 で紹介)
〜物語(ストーリー)を作ろう③

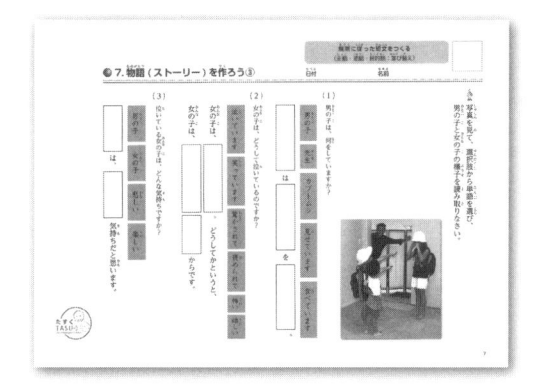

▶ ポイント解説

分かち書きを読む,主語を見つける,状態や感情の変化の言葉を使って短文で表現する,等の段階をとおして,様々な言葉を教えていきます。

> ## J☆sKep **4.0** 点以上向け
>
> 絵本, 小説, 歴史物等を読んで,
> 登場人物の心情を加えた感想文を書く
> ~~自己表現・想像力・創造性~~
>
> # 絵本, 小説, 歴史物等を読んで,
> # 簡単な感想文を書いて, 報告し合う
> ~~機能的な目標ゴール~~
>
> 短編小説等を読んで, 活動・行動・状態・感情の変化を選択肢から選ぶ
> ~~機能的な目標 2nd~~

ここでは, 絵本や小説, 偉人伝. 歴史物等を読んだ後, 簡単な感想文を書いて, 報告し合うことについて学びます。説明, 描写, 報告の順で, 日本語の規則に従った文をつくりながら, 論理的な思考力を培います。

▶ 目標達成のための３段階

> **ステップ①** 相手に分かるように, 規則に従った文章で説明する
> **ステップ②** 全体から部分の情報を並べて, 分かりやすく描写する
> **ステップ③** ５W１Hを守り, 時間にそった報告をする

▶ J☆sKep アセスメント ○△×で評価しましょう。

学習態勢	最良の態勢になるように, 自ら作業（学習）しやすい環境を作ったり, 改善したりすることができる。	
指示理解	必要に応じて, 指示した人の意図を察した行動を取ることができる。	
セルフマネージメント	自分の役割や課題を理解し, さらに他者に配慮したり, 協議したりして計画を創り, 最後まで取り組むことができる。	
強化システムの理解	困難な課題でも, 一回のお手伝いで10円もらって, 12回貯めてから缶ジュースを買うなど, 一日以上先を見通した期待感をもって課題に取り組むことができる。	
表出性のコミュニケーション	「何をしているの？」や「何が見える？」などの質問に応じることができる。	
模倣	示されたモデルを参考にして, 同じ動作をする（反復する）ことができる。	
注視物の選択	刺激の一部（部品）を見て, 全体をイメージして組み立てることができる。	

指導の仕方

ステップ❶ 相手に分かるように, 規則に従った文章で説明する

1 最初に,「これから, ○○ (一人称の主語) は, ○○○○ (目的語) について説明します。」の定型文を使って, 何の説明をするかを伝える。

2 次に, 問われたことに対して, 結論を伝える (好きか嫌いかハッキリ述べる)。

3 「どうしてかというと○○は」や「理由は」などの定型文を使って, これから結論の理由を伝えることを相手に知らせる。

4 続けて,「○○○○から」の定型文を使って, 理由をできるだけ詳しく書いて説明する。

5 最後に,「これで, ○○○○ (目的語) についての説明を終わります。」の定型文を使って, 説明を終えることを伝える。

6 書き終わったら, 完成した文章を読み上げる。

使う教材

ワークブック「読む」

(本書 P.17 で紹介)
~物語 (ストーリー) を作ろう④,
　自分のことを説明しよう①②

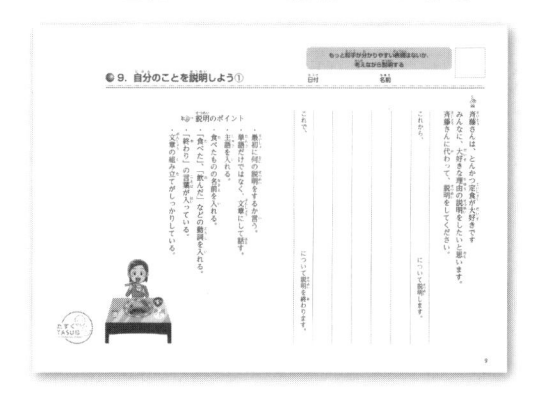

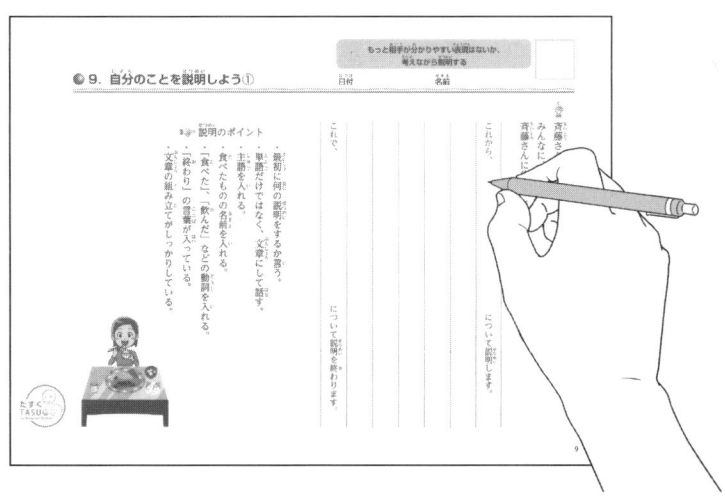

▶ポイント解説

　最初に行動, 続いて自分の考えや主張について文章で表現できるように導きます。基本文を用いることで, 相手の理解が増すことを実感させましょう。

ステップ ② 全体から部分の情報を並べて, 分かりやすく描写する

1 最初に, 「これから, ○○ (一人称の主語) は, ○○○○の説明をします。」の定型文を使って, 何の説明をするかを伝える。

2 全体から部分の情報を並べることで, 分かりやすく説明 (描写) するために, 問題文に沿って, 写真や絵を見ながら, 支援者と口頭で考えていく。その際, 写真の近くに書いてあるヒントを参考にする。

3 全て考えられたら, 枠内に, イメージ化を図りやすい漢字を使って, 書き出す。

4 最後に, 「これで, ○○○○の説明を終わります。」の定型文を使って, 説明を終えることを伝える。

5 書き終わったら, 完成した文章を読み上げる。

使う教材

ワークブック 「読む」
(本書 P.17 で紹介)
～分かりやすく説明しよう①

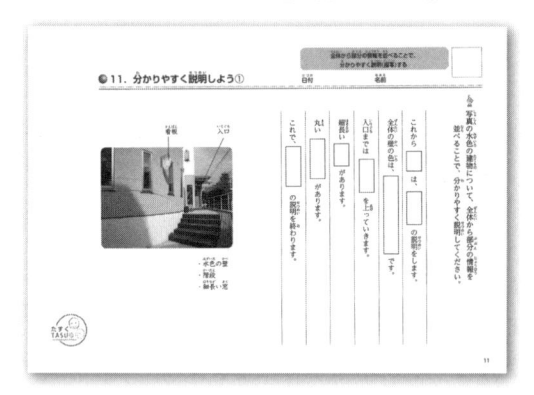

▶ ポイント解説

　描写は, 大きな情報 (全体的な形や色) から伝えることで, 相手にとって分かりやすくなり, 伝えやすくなることを実感させましょう。

指導の仕方

ステップ3 5W1Hを守り, 時間にそった報告をする

1 問題文を読んでから, 吹き出しの先生の
コメントを, 指導者と一緒に読む。

2 時間にそった流れの表（いつ, 出発, 一
日目①・・・）にしたがって, 文章から
したことを抜き出していく。

3 完成したら, 時間にそって読み上げる「い
つ？○○」「出発？△△」「一日目①？○
○, ○○」。

4 元々の文章を, 時間の順番に並び替える
ことを中心に, 文章を組み立てる。

5 最後に, 「これで, ○○○○の説明を終
わります。」の定型文を使って, 報告を
終えることを伝える。

6 書き終わったら, 完成した文章を読み上
げる。

使う教材

ワークブック「読む」
（本書 P.17 で紹介）
～時間にそった報告をしよう①

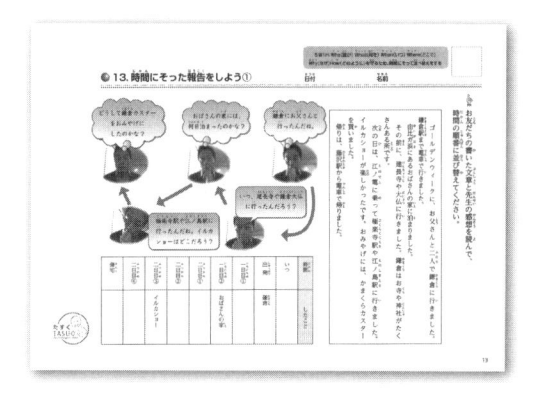

▶ ポイント解説

　旅行などの実体験したことは, 時系列に従って伝えたり, 5W1H に分類して
まとめると, 相手にとって分かりやすくなり, 伝えやすくなることを実感させ
ましょう。

このような場合は、どうする？
＜国語① 読書編＞
読み聞かせの音声に集中しにくい場合は？
～ 耳を開かせよう ～

子どもは，自分でページをめくりながら本を見ています。
ただ，１ページを読み聞かせた後に，次のページをめくらないなど，
読み聞かせとページをめくるタイミングが合いません。

子どもたちは，音声に気付いたり，自分に対して言われていることを意識したり，音声の意味を理解したりするまでに時間がかかる場合があります。このようなときには，個々の子どもに応じて，聞き取りやすい音の高さと速さで読み聞かせをすると，音声の意味を

理解しやすくなることがあります。

また，音の鳴る本などを活用して，自ら手元に注目して操作をしたときに，音のフィードバックが得られる経験を積み重ねることで，音を聞こうとする姿勢が育ちやすくなります。

所定の箇所を押すと，音楽や単語を読み上げる音声が流れる本

このような場合は、どうする？
＜国語① 読書編＞
文節ごとに区切りが付けにくい場合は？
～わかち書きを活用しよう～

子どもは，文字を読むことができるようになりました。
ただ，文章を読むときに，１音ずつ発音していて，単語をひとつの
まとまりとして読むことが難しいので困っています。

子どもたちは，本を読むときに，文字を発音することに集中をしていて，単語の意味を捉えていない場合があります。このようなときには，文節と文節の間に，半角から全角のスペースを空けて表記をすると，視覚的に文節の固まりを捉えやすくなることがあります。また，文節ごとに抑揚を付けて読むと，意味を理解しやすくなります。抑揚を付けて読むことが難しい場合は，抑揚を付けた読み方を復唱することを繰り返しながら，徐々に自ら読めるようにしていきましょう。

①お腹が痛いので行きません。

②お父さんと本屋さんに行きました。

わかち書きの無い文章

①お腹が　痛いので　行きません。

②お父さんと　本屋さんに　行きました。

文節と文節の間に全角のスペースを空けた，わかち書きの文章

漢字仮名交じり文

　日本語は，表意文字である漢字と，表音文字である平仮名，片仮名の組み合わせによって成り立つ言語です。そのためには，漢字仮名交じり文の学習は欠かせません。漢字と送り仮名や，単語と助詞等を指導者と一緒に書いたり，二語文や三語文を正しく模写したりする学習をとおして，文節をまとまりとして視覚的に捉えることを学びます。ここでは，新聞の見出しを参考に，自ら必要な内容の記事を見つけることをゴールに設定しています。

J☆sKep 2.0点以上向け

横書き，縦書きの漢字仮名交じり文を捉える
機能的な目標2nd

送り仮名の付いた単語を模写して読む
機能的な目標 1st

絵や写真と文字（ひらがな，漢字）をマッチングする
課題解決指向性

ここでは，指導者と一緒に模写した文字に注目することや，平仮名や漢字を使った単語や熟語の模写をとおして，送り仮名の付いた単語を一つのまとまりとして捉えることを学びます。

▶ 目標達成のための3段階

ステップ① 見分けて，聞き取る

ステップ② 平仮名，片仮名，1年生の常用漢字を使った単語や熟語の模写をする

ステップ③ 送り仮名の付いた単語を模写して読む

▶ J☆sKep アセスメント　○△×で評価しましょう。

学習態勢	姿勢を一定にして，10秒以上，机上の課題に取り組むことができる。大人と机上で向き合って，やりとりしながら課題を成し遂げることができる。	
指示理解	指示に応じて（その場で），10秒以上，待つことができる。	
セルフマネージメント	5分以上，座ったり横になったりして休むことができる。提示された計画に沿って，行動することができる。	
強化システムの理解	大人や仲間から言語等で賞賛されることを期待して，課題を最後まで終わらせることができる。好きなものや好きな活動をしてもらうことを期待して，課題を最後まで終わらせることができる。	
表出性のコミュニケーション	代替え手段（絵カードやVOCA）を利用して，自分の意思を伝えることができる。	
模倣	モデルの人がする一つの動作を，正確に行うことができる。	
注視物の選択	少し離れた大人の手元や，机上に示された刺激を，注視したり，注目したりすることができる。二つの刺激のうち属性（色や形，大きさ，数など）の違いに注目して選んだりすることができる。	

ステップ **1** 見分けて，聞き取る

1 シャープペンシルを持って，書字の姿勢をつくり，ガイドを受け入れる。

2 指導者が描いた線や図形を見分けて，下線に沿って一緒に書く。

3 指導者が書いた自分の名前を見分けて，枠の中に一緒に書く。

4 指導者と一緒に，自分の名前を枠の中に一緒に書く。

5 自分の名前を読み上げながら，下線に沿って一緒に書く。

 使う教材

手を育てるブック A
(本書 P.16 で紹介)

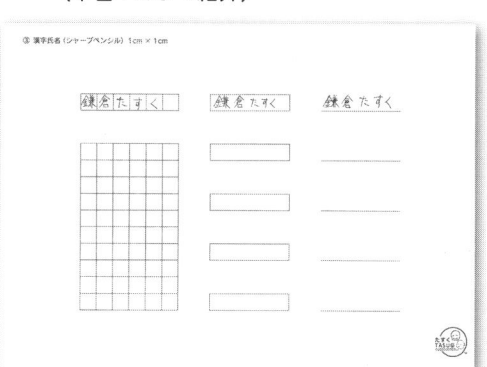

漢字仮名交じり文

▶ ポイント解説

　指導者の描く線や図形，指導者の書く自分の名前などを見分けて，身体的なガイドをしながら，できる限りきれいに模写させます。その際，耳元で言葉をしっかり聞かせることが大切です。

37

指導の仕方

ステップ②　平仮名，片仮名，１年生の常用漢字を使った単語や熟語の模写をする

1 指導者が書いた平仮名や片仮名の単語を，一緒に読み上げる。

2 指導者が書いた平仮名の単語を見分けて，マスの中に一緒に書く。

3 指導者が書いた片仮名の単語を見分けて，マスの中に一緒に書く。

4 指導者が書いた漢字の熟語を見分けて，マスの中に一緒に書く。

5 指導者と一緒に，枠の中に収まるように平仮名の単語や漢字の熟語を模写する。

使う教材

手を育てるブックＢ
（本書 P.16 で紹介）

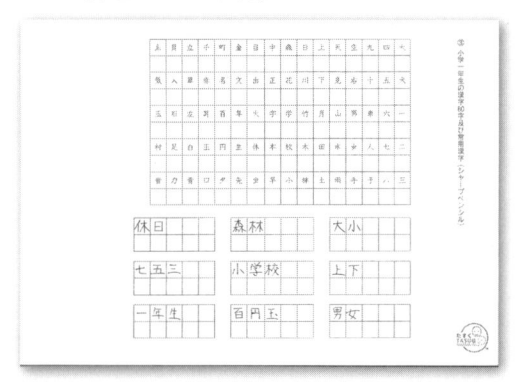

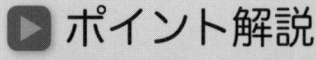

▶ ポイント解説

　指導者の書く平仮名や熟語などを見分けて，身体的なガイドをしながら，できる限りきれいに模写させます。その際，耳元で言葉をしっかり聞かせることが大切です。

ステップ 3　送り仮名の付いた単語を模写して読む

1 指導者と一緒に、右隣にある絵（イメージ）を言語化する。

2 もう一度、絵（イメージ）を言語化して、一緒に読んでから、一人で読む。

3 指導者と一緒に（一人で書ける子は模写で）、枠内に単語を書く。

4 述語（動詞）については、送り仮名を付けて、指導者と一緒に（一人で書ける子は模写で）枠内に書いて，読む。

使う教材

ワークブック 「読む」
（本書 P.17 で紹介）

～文字を、絵のイメージと一致させて、文章を作り、読みましょう

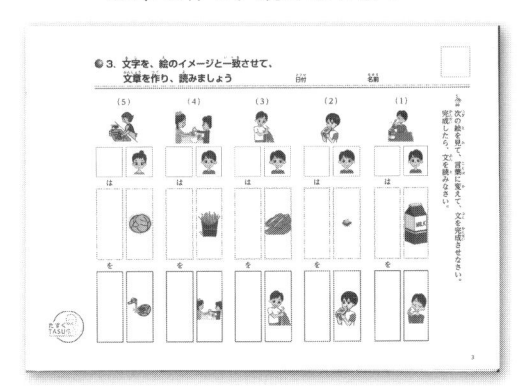

漢字仮名交じり文

▶ ポイント解説

　生活でよく使う言葉を中心とした送り仮名のある単語を用意します。一緒に書いてから読ませることが大切です。

J☆sKep **3.0**点以上向け

新聞の見出しを参考に，自分にとって必要な内容の記事を見つける

機能的な目標ゴール

横書き，縦書きの漢字仮名交じり文を捉える

機能的な目標 2nd

送り仮名の付いた単語を模写して読む

機能的な目標 1st

ここでは，分かち書きの二語文以上の漢字仮名交じり文を横書きと縦書きで模写することを学びます。文節ごとのまとまりを縦書きでも横書きでも捉えることができる書く力を付けていきます。

▶ 目標達成のための3段階

ステップ **1** 二語文の模写をする

ステップ **2** 主語と述語のある三語文を模写する

ステップ **3** 三語文程度の漢字仮名交じり文を抜き出して書き写す

▶ J☆sKep アセスメント　○△×で評価しましょう。

学習態勢	最良の態勢になるように，自ら作業（学習）しやすい環境を作ったり，改善したりすることができる。	
指示理解	絵や写真，文字などで書かれている内容（指示書）にそって，課題を達成することができる。一度，感情が乱れた後でも立ち直り，大人の指示に応じることができる。	
セルフマネージメント	選択肢から自分のしたいことを選び，そのとおりに行動することができる。	
強化システムの理解	大人や仲間から言語等で賞賛されることを期待して，課題を最後まで終わらせることができる。	
表出性のコミュニケーション	困った時に，他人に対して，援助を受け入れたいと伝えることができる。代名詞や属性（好みの色や希望する量など）を入れた三語文以上の要求をすることができる。	
模倣	モデルの人がする連続した動作を，同時に行うことができる。	
注視物の選択	二つ以上の刺激から，わずかな属性の違いに注目して，仕分けなどを素早く行うことができる。	

指導の仕方

ステップ ① 二語文の模写をする

1 指導者と一緒に三語文を読んでから、一人で読む。

2 もう一度、文の切れ目（主語、目的語、述語）に注意して、一緒に読んでから、一人で読む。

3 指導者と一緒に（一人でできる子は一人で）、主語と述語だけを抜き出す。

4 （助詞を付けたまま）主語と述語を抜き出して、矢印の左隣に指導者と一緒に（一人で書ける子は模写で）書く。

5 最後に、できあがった二語文を、一緒に読んでから、一人で読む。

使う教材

ワークブック「読む」
（本書 P.17 で紹介）
～文の要点をつかもう
　＜主語と述語＞～

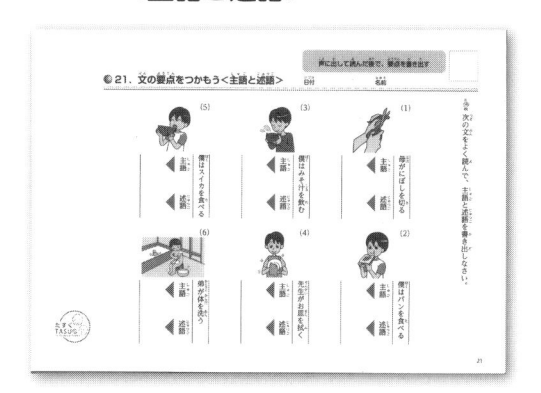

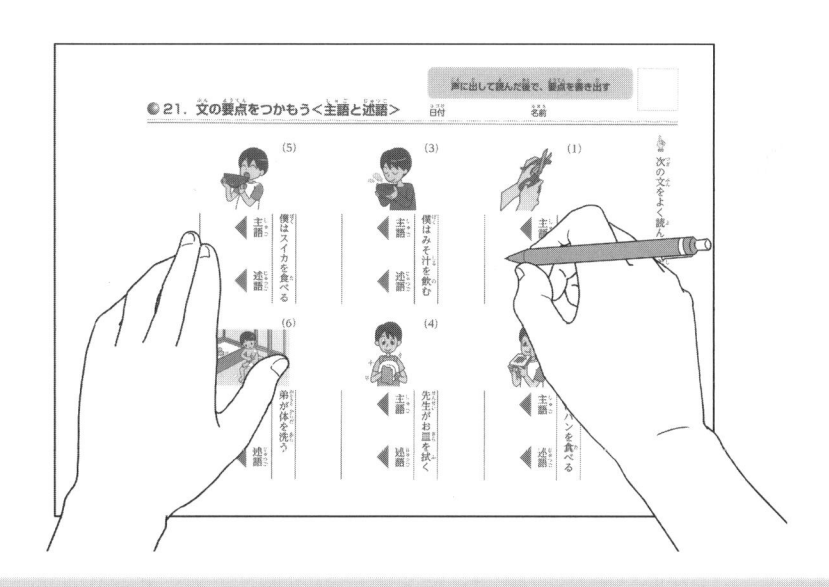

▶ ポイント解説

　三語文を一緒に読み，日本語の文章の要点である主語＋述語，目的語＋述語の二語文に絞る学習をとおして二語文をまとまりとして捉えさせます。

ステップ② 主語と述語のある三語文を模写する

1 生活でよく使う横書き・縦書きの三語文を，読み上げる。（分かち書き）

2 この三語文を，見本を参考に，枠の中に模写する。

3 この三語文を，見本を参考に，下線に沿って模写する。

4 この三語文を，読み上げる。（分かち書き）

5 この三語文を罫線（縦書き・横書き）に沿って模写する。

使う教材

手を育てるブックC
「⑤横書きと縦書き」

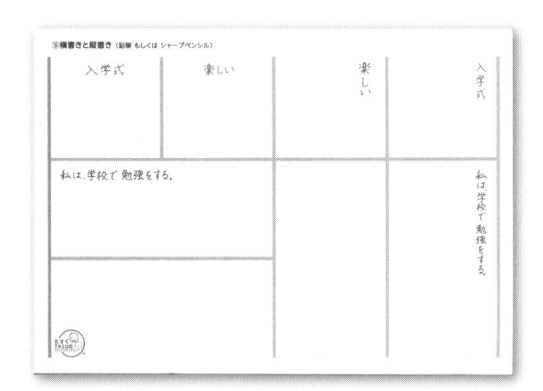

▶ ポイント解説

　生活でよく使う言葉を中心に，指導者が読む格助詞を入れた主語と述語のある三語文を聞き取らせ，罫線に沿って模写させることで，縦書きと横書きの三語文をまとまりとして捉えさせます。

指導の仕方

ステップ③ 三語文程度の漢字仮名交じり文を抜き出して書き写す

1 指導者から提示された新聞記事の、縦書きの見出し（三語文程度）を読み上げる。

2 縦書きの見出し（三語文程度）から、単語だけ抜き出して、枠の中に書き写す。

3 書き出した見出しを読み上げる。

4 指導者から提示された新聞記事の、横書きの見出し（三語文程度）を読み上げる。

5 横書きの新聞記事（三語文程度）から、見出しだけ抜き出して、罫線に沿って書き写す。

使う教材

ワークブック「読む」
（本書 P.17 で紹介）
〜新聞の見出しを参考に、
　自ら必要な情報を見つけることが
　できる（漢字仮名交じり文）①〜

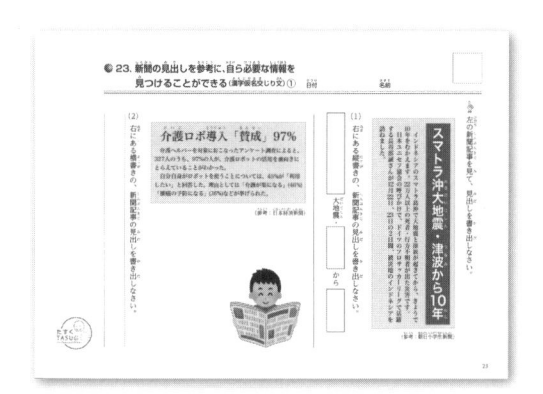

漢字仮名交じり文

▶ ポイント解説

　新聞記事の見出しを使って，漢字仮名交じり文をしっかり読んで，意図的に重要な情報を捉えることを学習させます。

J☆sKep 4.0点以上向け

新聞(内容)を読んで理解する

自己表現・想像力・創造性

新聞の見出しを参考に, 自分にとって必要な内容の記事を見つける

機能的な目標ゴール

横書き, 縦書きの漢字仮名交じり文を模写する

機能的な目標 2nd

ここでは, 新聞記事を用いて, 見出しを探したり, 内容を要約したりする学習を進めながら, 自分にとって必要な内容の記事を見つけることを学びます。

▶ 目標達成のための3段階

ステップ ① 切り抜いた記事を読んで, その概要をつかむ

ステップ ② 指導者に指示された内容の記事を, 新聞の中から見つけ, その内容をまとめる

ステップ ③ 自分にとって必要な内容の記事を, 新聞の中から見つけ, その内容を概ね理解する

▶ J☆sKep アセスメント ○△×で評価しましょう。

学習態勢	最良の態勢になるように, 自ら作業(学習)しやすい環境を作ったり, 改善したりすることができる。	
指示理解	必要に応じて, 指示した人の意図を察した行動を取ることができる。	
セルフマネージメント	自分の役割や課題を理解し, さらに他者に配慮したり, 協議したりして計画を創り, 最後まで取り組むことができる。	
強化システムの理解	困難な課題でも, 一回のお手伝いで10円もらって, 12回貯めてから缶ジュースを買うなど, 一日以上先を見通した期待感をもって課題に取り組むことができる。	
表出性のコミュニケーション	「何をしているの?」や「何が見える?」などの質問に応じることができる。	
模倣	示されたモデルを参考にして, 同じ動作をする(反復する)ことができる。	
注視物の選択	刺激の一部(部品)を見て, 全体をイメージして組み立てることができる。	

指導の仕方

ステップ 1 切り抜いた記事を読んで、その概要をつかむ

1 指導者から提示された新聞記事の、縦書きと横書きの見出しを全て見つけ出し、読み上げる。

2 罫線（縦書き）に沿って書き出す。

3 書き出した全ての見出しを読み上げる。

4 複数の見出しから同じ記事の見出しをグループ化する。

5 グループ化した見出しをまとめて読み上げる。

使う教材

ワークブック「読む」
（本書 P17 で紹介）
〜新聞の見出しを参考に、
　自ら必要な情報を見つけることが
　できる(漢字仮名交じり文)②③〜

▶ ポイント解説

　実際の新聞を題材にして，意図的に情報を見つけられるような「読む」学習をさせます。小見出しも大見出しと合わせて読むと，要旨がつかめることを体験させます。

ステップ ② 指導者に指示された内容の記事を、新聞の中から見つけ、その内容をまとめる

1 新聞記事の一面（今日の見出し）を見つけ、その見出しを書き出す。

2 見出し記事に複数の見出しがある場合は、全て書き出し、その概要をつかむ。

3 新聞の見出しを参考に記事を読んで、「いつ、どこで、誰が、何を、なぜ、どうした」の視点でまとめる。

4 「いつ、どこで、誰が、何を、なぜ、どうした」の視点でまとめた内容を読み上げる。

5 実際の新聞でも試してみる。

使う教材

ワークブック「読む」
（本書 P.17 で紹介）
〜新聞の見出しを参考に、自ら必要な情報を見つけることができる（漢字仮名交じり文）④〜

▶ ポイント解説

　「いつ，どこで，誰が，何を，どうした」の視点でまとめながら，記事の要旨を分析的に捉えさせます。

指導の仕方

ステップ ③ 自分にとって必要な内容の記事を, 新聞や雑誌の中から見つけ, その内容を概ね理解する

1 自分の関心のある記事や, 調べる記事を明らかにする。

2 新聞記事の中から自分の関心のある記事や, 調べる記事を見つける。

3 見出しを書き出し, その内容を, ノート等にまとめる。

4 見出しや要約からキーワードを見つけ出し, 他の新聞や, インターネットのニュースを調べる。

5 複数の情報をまとめて, 自分にとって必要な情報をまとめる。

使う教材

新聞、雑誌

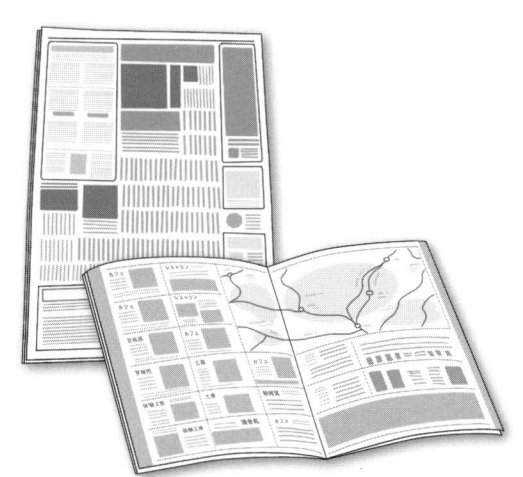

▶ ポイント解説

　自分の関心がある記事を見つけ出すことからはじめ, 今日のニュースのトピックをまとめることへ発展させます。新聞は大切な情報源です。同様にインターネットや辞典などの活用も促します。

子どもは，絵や文字同士のマッチングができるようになりました。
今後，絵や写真と単語を結びつけて覚えさせたいのですが，
どんな学習方法がありますか？

　同じもの同士をマッチングすることを覚えた子どもたちは，絵と単語など，異なる情報を同じものとして捉えることに戸惑う場合があります。このようなときには，単語が書かれた絵や写真のカードと，単語のみが書かれたカードをマッチングする教材を活用します。そして，繰り返し取り組む中で，徐々に絵や写真のみのカードと，単語のみが書か

れたカードをマッチングする段階に移行します。学習に取り組む際には，選択肢となる単語のカードを自分で読み上げて（又は読み上げられるのを聞いて）から，選ぶべき絵や写真のカードを見せるようにします。このような学習を積み重ね，絵や写真と単語，名称の音声を結びつけて覚える力を伸ばします。

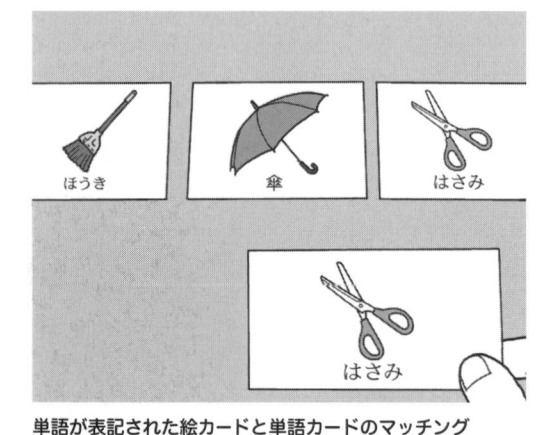

単語が表記された絵カードと単語カードのマッチング

絵カードと単語カードのマッチング

子どもは，名詞や動詞の意味を理解することができるようになりました。
ただ，「食べる」を，「ご飯を」の後なのか，「学校で」の後なのか，
いつも不安そうに使っていますが，どんな学習方法がありますか？

子どもたちは，「ご飯を食べる」や「学校に行く」などの名詞と動詞の結びつきを覚えるのに苦労したり，助詞の使い方を間違えていたりする場合があります。このようなときには，日常で使う二語文を活用して，

「ご飯を食べる」，「パンを食べる」，「学校で食べる」，「お家で食べる」というように，1つの動詞に対して別の名詞を組み合わせた文章を活用します。また，文章を読み上げ（または聞かせてもらい）ながら書くことを繰り返し，視覚的な情報と音声情報をあわせることで，文章の意味とイメージをつなげるようにします。

１つの動詞に対して複数の名詞を組み合わせた文章

漢字仮名交じり文

付録 **1**

J☆sKep アセスメントシート

付録 1 の「*J☆sKep* アセスメントシート」の詳しい使い方は，1章（5 ～ 14 頁）をご覧ください。

J☆sKepアセスメント

—：前年　—：今年

※赤い矢印（→）が今年の指導目標です

記入日					
学部・学年					
氏名					
1	2	3	4	5	6

7つのキーポイント	目標（例）
①自ら学習する姿勢になる力 ＜学習態勢＞ 0 1 2 3 4 5 6	・一人で、食事の時などに、椅子に座ることができる ・起立や着席を一人で行ったり、大人と一緒に歩調を合わせて歩いたりすることができる ・背後、横、正面等からのガイドを受け入れることができる ・姿勢を一定にして、10秒以上、机上の課題に取り組むことができる ・大人と机上で向き合って、やりとりしながら課題を成し遂げることができる ・最良の態勢になるように、自ら作業（学習）しやすい環境を作ったり、改善したりすることができる
②自ら指示に応じる、指示を理解できる力 ＜指示理解＞ 0 1 2 3 4 5 6	・手招きやにこっちにおいでなど、人の働きかけ（指示）に応じることができる ・今の行動を修正し、「～して」や「もう一度」に応じることができる ・指示に応じて（その場で）、10秒以上、待つことができる ・絵や写真、文字などで書かれている内容（指示書）にそって、課題を達成することができる ・一度、感情が乱れた後でも立ち直り、大人の指示に応じた行動を取ることができる ・必要に応じて、指示に応じて、指示した人の意図を察して行動を取ることができる
③自ら自己管理する、調整する力 ＜セルフマネージメント＞ 0 1 2 3 4 5 6	・着替えなどの簡単な日常生活動作が一人でできる ・5分以上、座ったり、横になったりして休むことができる ・提示された計画にそって、行動することができる ・選択肢から自分のしたいことを選び、そのとおりに行動することができる ・自分に適した計画を創り、それに基づいて行動することができる ・自分の役割や課題を理解し、さらに他者に配慮したり計画協議したりして計画を創り、最後まで取り組むことができる
④自ら楽しいことや嬉しいことを期待して活動に向かう力 ＜強化システムの理解＞ 0 1 2 3 4 5 6	・好きなものや、好きな活動が2つ以上ある ・好きなものや、好きな活動を複数の選択肢から選ぶことができる ・好きなものや、好きな活動をしてもらうことを期待して、課題を最後まで終わらせることができる ・大人や仲間から言語等で賞賛されることを期待して、課題を最後まで終わらせることができる ・課題を成し遂げる（完成させる）ことだけを期待して、最後まで終わらせることができる ・困難な課題でも、一回のお手伝いで10円もらって、12回分めてから缶ジュースを買うなど、一日以上の先を見通した期待感をもって課題に取り組むことができる

⑤自ら何かを伝えようとする意欲と個に応じた形態を用いて表出する力

＜表出性のコミュニケーション＞

0 1 2 3 4 5 6

- どうしても欲しいものがある時など、どんな形であれ、人に何かを伝えようとすることができる
- 動作（指さしや大人の手を引くなど）を使って、意思を伝えることができる
- 代替手段（絵カードやVOCA）を利用して、自分の意思を伝えることができる
- 自分の伝えたいことを、一日20回以上、伝えることができる
- 困った時に、他人に対して、援助を受けたい旨を伝えることができる
- 代名詞や属性（好みの色や、希望する量など）を入れた三語文以上の要求をすることができる
- 「何がほしいの？」の問いかけに応じて、ほしいものを伝えることができる
- 「何をしているの？」や「何が見える？」などの質問に応じることができる

⑥自ら模倣して、気付いたり、学んだりする力

＜模倣＞

0 1 2 3 4 5 6

- 身近な人（保護者や兄弟、クラスメイトなど）と、同じような動作をすることがある
- 鉛筆を持ったり、ジャンプしたりする動作などを、模倣しようとすることができる
- モデルの人がする一つの動作を、正確に行うことができる
- モデルの人がする一つ連続した動作を、同時に行うことができる
- 示されたモデルを参考にして、同じ動作をする（反復する）ことができる
- 必要に応じてモデルを選択し、模倣する（参考にする）ことで、課題を解決することができる

⑦自ら課題解決のために注視すべき刺激に注目できる力

＜注視物の選択＞

0 1 2 3 4 5 6

- 自分の好きなおもちゃやお菓子、テレビ番組を、注視したり、注目したりすることができる
- 指示棒や指さしで注目を促された刺激を、注視したり、注目したりすることができる
- 少し離れた大人の手元や、机上に示された刺激を、注視したり、注目したりすることができる
- 二つの刺激のうち、属性（色や形、大きさ、数など）の違いに注目して、選ぶことができる
- 二つ以上の刺激から、わずかな属性の違いに注目して、仕分けなどを素早く行うことができる
- 刺激の一部（部品）を見て、全体をイメージして組み立てることができる

五区分による分類

主体性（人や活動に対して注目したり、働きかけようとしたりする意欲）

行動管理	①学習態勢　②指示に応じる
コミュニケーション	③セルフマネージメント　④強化システムの理解　⑤表出性のコミュニケーションの習得
模倣	⑥模倣できる
認知	⑦注視物の選択

①学習態勢	②指示理解	③セルフマネージメント	④強化システムの理解
⑤表出性のコミュニケーション	⑥模倣	⑦注視物の選択	合計　平均

7つのキーポイント

段階	0	1	2	3	4	5	6

付録2

学習記録シート

　付録1の「学習記録シート」を使って，学習をとおしての子どもの成長を記録しましょう。機能的な目標への取り組みの評価は，2週間に1回の頻度，または，個人別の課題学習を実施するごとに行ってください。本シートで，6ヶ月分の記録ができます。評価は，3段階のマークで（身体的プロンプト△，視覚的プロンプト○，言語的プロンプト◎）付けていきましょう。

個人別の課題学習　学習記録シート
＜アカデミック（2）国語　①読書＞

学部・学年	
氏名	
J☆sKep	

今、取り組んでいる機能的な目標	①	②	③	④	⑤	⑥	⑦	⑧	⑨	⑩	⑪	⑫
絵本・小説・漫画・歴史物等を読んで、簡単な感想文を書いて、報告し合うことができる。												
絵本・小説・漫画・歴史物等を読んで、活動・行動・状態・感情の変化を選択肢から選ぶことができる。												
絵本・小説・漫画・歴史物等を、拗音、撥音、濁音等に注意して、定規を当てたり、指でなぞったりしながら、音読することができる。												
「〜はどこ」など、絵本の中から指定された対象に対して、指をさしたり、カードを重ねたりして、答えることができる。												
評価した日付	/	/	/	/	/	/	/	/	/	/	/	/

評価は、3段階（身体的プロンプト△、視覚的プロンプト○、言語的プロンプト◎）で付けましょう。

個人別の課題学習　学習記録シート
＜アカデミック（2）国語　①読書＞

学部・学年	
氏名	
J☆sKep	

今、取り組んでいる機能的な目標	①	②	③	④	⑤	⑥	⑦	⑧	⑨	⑩	⑪	⑫
絵本・小説・漫画・歴史物等を読んで、簡単な感想文を書いて、報告し合うことができる。												
絵本・小説・漫画・歴史物等を読んで、活動・行動・状態・感情の変化を選択肢から選ぶことができる。												
絵本・小説・漫画・歴史物等を、拗音、撥音、濁音等に注意して、定規を当てたり、指でなぞったりしながら、音読することができる。												
「〜はどこ」など、絵本の中から指定された対象に対して、指をさしたり、カードを重ねたりして、答えることができる。												
評価した日付	/	/	/	/	/	/	/	/	/	/	/	/

評価は、3段階（身体的プロンプト△、視覚的プロンプト○、言語的プロンプト◎）で付けましょう。

個人別の課題学習　学習記録シート
＜アカデミック（2）国語　①漢字仮名交じり文＞

学部・学年	
氏名	
J☆sKep	

今、取り組んでいる機能的な目標	①	②	③	④	⑤	⑥	⑦	⑧	⑨	⑩	⑪	⑫
新聞の見出しを参考に、指示された内容の記事を見つけることができる。												
横書き、縦書きの漢字仮名交じり文を模写することができる。												
横書きは上側、縦書きは右側にある見本と同じ大きさで、送り仮名の付いた単語を模写することができる。												
シンボル（記号や図形）、絵や写真と文字（ひらがな、漢字）をマッチングすることができる。												
評価した日付	/	/	/	/	/	/	/	/	/	/	/	/

評価は、3段階（身体的プロンプト△、視覚的プロンプト○、言語的プロンプト◎）で付けましょう。

本書で参考，または引用させて頂いた本（お薦めの本）

・齊藤宇開，渡邊倫（2012）発達障害のある子どものためのたすくメソッド②手を育てる-書字，包装・調理-．ジアース教育新社

・齊藤宇開，渡邊倫（2011）発達障害のある子どものためのたすくメソッド①生活の基礎を身につける　三種の神器-コミュニケーション，スケジュール，タスクオーガナイゼーション-．ジアース教育新社

・独立行政法人国立特別支援教育総合研究所（2008）自閉症教育実践マスターブック-キーポイントが未来をひらく-．ジアース教育新社

・独立行政法人国立特別支援教育総合研究所（2005）自閉症教育実践ケースブック-より確かな指導の追究-．ジアース教育新社

・独立行政法人国立特別支援教育総合研究所（2004）自閉症教育実践ガイドブック-今の充実と明日への展望-．ジアース教育新社

・トレーシー・アロウェイ／湯澤美紀，湯澤正通翻訳 (2011) ワーキングメモリと発達障害-教師のための実践ガイド-2．北大路書房

・河島淳子，髙橋智惠子 (2010) ともに 16 号．トモニ療育センター

・德永豊 (2009) 重度・重複障害児の対人相互交渉における共同注意-コミュニケーション行動の基盤について-．慶應義塾大学出版会

・サリー・シェイウィッツ (2006) 読み書き障害（ディスレクシア）のすべて-頭はいいのに、本が読めない-．PHP 研究所

・ロリ・フロスト，アンディ・ボンディ（2006）絵カード交換式コミュニケーション・システム-トレーニング・マニュアル第 2 版-．ピラミッド教育コンサルタントオブジャパン

・川村秀忠 (2002) 学習障害児の内発的動機づけ-その支援方略を求めて-．東北大学出版会

・宇佐川浩 (1998) 障害児の発達臨床とその課題-感覚と運動の高次化の視点から-．学苑社

・加藤哲文, 山本淳一著, 小林重雄監修 (1997) 応用行動分析学入門-障害児者のコミュニケーション行動の実現を目指す-．学苑社

・藤村出，服巻智子，諏訪利明，内山登紀夫，安倍陽子，鈴木伸五 (1999) 自閉症のひとたちへの援助システム-TEACCH を日本でいかすには-．朝日新聞厚生文化事業団

・出口汪（2012）出口汪の日本語論理トレーニング 小学一年〜六年 基礎編．小学館

・出口汪（2013）出口汪の日本語論理トレーニング 小学一年〜六年 習熟編．小学館

・出口汪（2014）出口先生の頭がよくなるかん字 小学 1 年生〜 6 年生．水王舎

・三森ゆりか（2005）徹底つみあげ式 子どものための論理トレーニング・プリント．PHP 研究所

・くすのきしげのり作／石井聖岳絵（2008）おこだでませんように．小学館

【編集者紹介】

齊藤宇開 （さいとう うかい）
たすく株式会社　代表

渡邊　倫 （わたなべ さとる）
たすく株式会社　TRYFULL 教室長／学校コンサルテーション チーフ

大久保直子 （おおくぼ なおこ）
たすく株式会社　アセスメントセンター長

たすく株式会社は，一人一人に応じた特別支援教育の理念に呼応し，教育や療育，福祉の場から集ったスタッフで構成されています。

発達障がいのある子どもたちと，その家族のために，一貫性と継続性のあるアプローチの仕組み作りのために，療育を行うアセスメントセンター「たすく」や，各地域に根ざした「TASUC」，モラトリアムの延長のために，職業や暮らしなどの卒後の課題に取り組む「TRYFULL」を，神奈川・東京・愛知に展開しています。

特に，「全てはアセスメントをしてから」というスローガンの下，毎年一回，丸一日をかけて，家族と一堂に会して行う「たすくアセスメント」を重視してきました。本書で提案した「たすくメソッド」は8年間で延べ600ケースの発達障がいのある子どもたちに行った「たすくアセスメント」の研究データに基づいています。

＜たすくグループ＞
Total Approach Support Union for Challenged children and their families

鎌倉由比ガ浜アセスメントセンター　　　　　248-0014　鎌倉市由比ガ浜2丁目 23-15

鎌倉御成マンスリーアセスメントセンター　248-0012　鎌倉市御成町 10-4 B-2F

鎌倉下馬 Lab　　　　　248-0012　鎌倉市御成町 4-16 3F

よこはまセンター南教室　224-0032　横浜市都筑区茅ヶ崎中央 25-2-202

TASUC 国立教室　186-0002　東京都国立市東 1-4-9 ザ・ダイマス 5F

TASUC 豊橋教室　441-8013　愛知県豊橋市花田一番町 138 豊橋西駅前ビル 2F

TRYFULL 鎌倉雪ノ下　248-0005　鎌倉市雪ノ下 3丁目 4-25 2F

鎌倉 VeryVeryBerry よこはまセンター南店　224-0032　横浜市都筑区
茅ヶ崎中央 26-25-202

E-mail：kamakura@tasuc.com　　TEL/FAX：0467-23-2156
URL：http://tasuc.com　http://sns.tasuc.com

ずっと一緒だよ！

発達障害のある子どものためのたすくメソッド❸

アカデミック
「国語」を学習する
読書，漢字仮名交じり文

平成28年2月25日　初版第1刷発行

編　　著　齊藤宇開
　　　　　渡邊　倫
　　　　　大久保直子
　　　　　（たすく株式会社）
発 行 人　加藤　勝博
発 行 所　ジアース教育新社
　　　　　〒101-0054
　　　　　東京都千代田区神田錦町1-23宗保第2ビル
　　　　　Tel：03-5282-7183　　Fax：03-5282-7892
　　　　　E-mail：info@kyoikushinsha.co.jp
　　　　　URL：http://www.kyoikushinsha.co.jp

デザイン　アトム★スタジオ（小笠原准子）
イラスト　ひろゆうこ
印　　刷　シナノ印刷株式会社

ISBN978-4-86371-348-2